LI
Lb 3336.

AF260352

LA
VOIX DU PEUPLE

AUX

FUNÉRAILLES DE NAPOLÉON.

Vox populi, vox Dei.
La voix du peuple est la voix de Dieu.

PARIS,

IMPRIMERIE DE E. BRIÉRE,

RUE SAINTE-ANNE, 55.

—

1840.

LA VOIX DU PEUPLE

AUX

FUNÉRAILLES DE NAPOLÉON.

I.

L'Océan, agité par les tempêtes, a roulé sur ses bords des débris de navires. La vague frémissante écume et se brise au souffle des vents. L'aquilon siffle, l'horison s'obscurcit, et dans la chapelle solitaire le matelot pieux adresse à la Vierge son humble prière pour les amis et les frères que leur devoir retient sur les mers..... C'est la saison des naufrages.

II.

Sur les remparts de Cherbourg, la ville de

guerre, un soldat invalide et mutilé lève les yeux au ciel, puis les promène avec inquiétude sur la surface des flots. Près de lui, un citoyen, ému de crainte et d'espérance, vient à toutes les heures interroger le ciel, les vents et la mer. On dirait à voir le souci de ces deux hommes, que le frère attend son frère, ou le père son fils bien aimé.

III.

Mais bientôt, le vent se calme ; une brise légère succède au souffle des tempêtes, le ciel a repris son azur, l'onde s'appaise, et les derniers rayons d'un doux soleil d'automne, se projetant au loin sur les mers, font briller comme une blanche lueur quelques voiles à l'horison. Plusieurs navires entourent une frégate qui semble leur tracer la route avec son allure rapide et guerrière. Ils approchent, et du haut des mâts se déroule la flamme tricolore. Le pavillon national a frappé les regards. Le porte-voix aux sons formidables se fait entendre. —

« Quel navire? — La *Belle-Poule*. — Commandant? — Joinville. — Que porte-t-il? — NAPOLÉON!... »

IV.

Napoléon!... à ce nom magique, le vieux soldat se découvre et s'incline; puis, le cœur opressé, les yeux mouillés de larmes, il crie de loin au citoyen attentif ces deux mots qu'il vient d'entendre : « Joinville et Napoléon! » et celui-ci les répète avec transport à toute la ville guerrière. Et ils courent tous sur le rivage, les citoyens et les femmes, les enfans et les vieillards; un vertige de bonheur a exalté leurs esprits patrioti-ques. Ils saluent tous le jeune commandant du geste et de la voix : « Honneur et recon-naissance à Joinville! gloire immortelle à Napoléon!... »

V.

Prince! vous avez accompli un pieux devoir; vous avez compris les vœux et les émotions de la France. En approchant de cette tombe lointaine, en vous inclinant avec respect devant ce cercueil, vous avez prouvé que vous aimiez la gloire, et que l'honneur de la patrie vous était cher. L'orgueil du prince eût été une erreur devant cette cendre sublime; votre jeune piété pour l'Empereur si long-temps proscrit a dévoilé le noble cœur d'un soldat et d'un citoyen. Joinville ! vous avez commencé votre histoire; et votre nom qui, avec l'aide de Dieu, deviendra célèbre, a grandi dès le premier jour de tout le respect que vous avez eu pour Napoléon !

Les vieux serviteurs de l'Empereur ont formé l'escorte du prince; c'est avec eux qu'il s'avance sur la plage, heureux de s'unir, pour rendre les derniers devoirs à Napoléon, à ceux qui le connurent et l'aimèrent pendant sa vie. C'est le loyal et intrépide Gourgaud, le fidèle Marchand, et Bertrand, l'ami du grand homme, Bertrand qui déposa dans les mains du roi et sur l'autel de la patrie les armes de Napoléon dont la France seule pouvait être la glorieuse héritière.

VI.

Mais voici que les populations s'agitent, et se portent en foule au-devant du cercueil. Le canon gronde, l'airain sonne, l'harmonie a commencé ses chants funèbres. Et le soldat frémit en présentant les armes à l'Empereur mort, comme si Napoléon, soulevant son suaire impérial et secouant la poussière de la tombe, allait montrer aux braves, sur la terre, le chemin des capitales de l'Europe, et, dans les cieux, l'éclatant soleil d'Austerlitz !

VII.

Il n'est plus, l'homme du destin ; mais il avait dit en expirant : « Je désire que mon corps repose un jour sur les bords de la Seine, au milieu de ce peuple français que j'ai tant aimé!... » Un roi qui connut aussi

les douleurs de l'exil a voulu que s'accom-
plît le dernier vœu du grand homme. A son
auguste voix, les haines de l'étranger se
sont appaisées, les mers ont été franchies,
la tombe du héros s'est ouverte, et dans ce
cercueil où une religieuse piété ne cherchait
plus qu'une froide poussière, Napoléon est
apparu, pâle, mais tout entier, dormant d'un
sommeil de vingt ans, comme si hier seule-
ment il s'était couché sur l'oreiller funèbre,
et comme s'il devait s'y réveiller aujour-
d'hui !

VIII.

France bien-aimée ! accueille avec transport sa dépouille mortelle. C'est pour toi
que battait ce cœur jusqu'au jour qui vit
s'éteindre son existence. C'est toi qu'au faîte
de la puissance et dans les douleurs de l'exil,
Napoléon porta toujours dans sa pensée.
C'est pour toi que s'exaltait ce brûlant génie, et c'est dans tes mains qu'il eût voulu
placer le sceptre du monde. Fière de son
nom et parée de ses victoires, abrite sous ta

robe de pourpre ces derniers restes du plus
glorieux de tes enfans ; et présentant à l'u-
nivers ces cendres immortelles, dis avec le
noble orgueil d'une autre Cornélie : « Celui-
ci fut mon fils et mon plus bel ornement !...»

IX.

Le peuple s'empresse autour du convoi
funèbre, et le nom de Napoléon s'échappe
de toutes les bouches et de tous les cœurs.
Ecoutez !...

Ce que l'un préfère, c'est le général Bonaparte, vainqueur de Toulon à vingt-cinq
ans, et, bientôt après, général en chef de
l'armée d'Italie. Les journées de Montenotte,
de Lodi, de Castiglione, d'Arcole, du Ta-
gliamento, l'occupation de Mantoue, de Mi-
lan, de Venise, de la Carinthie, le traité de
Campo-Formio et l'existence de la répu-
blique reconnue par l'Autriche, tous ces
exploits d'un jeune homme, ne couronne-
raient-ils pas d'une gloire éternelle la car-
rière militaire d'un vieillard ?

Un autre vante l'aventureuse expédition d'Egypte, la bataille des Pyramides, la journée du Mont-Thabor, et la victoire qui effaça nos désastres dans les murs même d'Aboukir.

Celui-ci aime dans Bonaparte le consul républicain qui franchit les Alpes, triompha de l'Autriche, et reprit pour la France la Sardaigne et la Lombardie sur le champ de bataille de Marengo.

Un autre admire l'empereur Napoléon, et ses travaux législatifs, et son conseil-d'état si célèbre, et ces immortels ouvrages maritimes d'Anvers, de Flessingue, de Cherbourg; et ces passages des Alpes, monumens éternels du génie; et ces ponts, ces routes, ces canaux, ces musées dont il enrichissait la France; et ces éclatantes victoires d'Austerlitz, d'Iéna, de Friedland, de Wagram; enfin, cette imposante autorité, supérieure à celle des rois, qui enlevait et donnait à son gré des couronnes.

D'autres, plus sensibles, s'attendrissent au récit de sa fuite de l'île d'Elbe, de sa fer-

meté devant l'Europe menaçante, de la ca-
tastrophe sanglante de Waterloo, et de ce
cruel exil au-delà des mers, par lequel, sé-
paré de sa famille et du monde, le conquérant détrôné n'a pas pu même redevenir
époux et père, et goûter le bonheur du plus
obscur citoyen.

Sublime et fatale destinée! Elles ont dis-
paru les conquêtes du guerrier, mais sa
gloire nous est toujours présente. Admirons
sa grandeur, et plaignons son infortune ;
car après Dieu, ce que nous devons honorer
le plus dans le monde, c'est la gloire, le génie et le malheur.

X.

Aussi, voyez devant un cercueil se presser
toutes ces renommées historiques. Quel cor-
tége que celui de ces maréchaux dont cha-
que nom rappelle une victoire mémorable!
Quel hôte que ce roi citoyen, recevant aux
portes du temple saint cette dépouille mortelle arrachée à l'exil par sa puissante in-

fluence! Quel asile pour le héros que cette tombe entre Vauban et Turenne, dans ce sanctuaire guerrier élevé par le génie du grand roi, au milieu des débris vivans de nos armées, sous ces voûtes solennelles que décorent les trophées de ses victoires impériales, et où semblent écrits ses titres à l'immortalité!

XI.

Qu'est-il devenu pourtant, ce pouvoir immense qui dictait des lois aux monarques et aux nations? Où est-il ce vaste empire qui s'étendait depuis les rives du Zuidersée jusqu'aux murailles du Vatican? L'aigle fatigué ne franchit plus les Alpes; les échos du Rhin ne répètent que des accens germaniques; notre puissance et notre gloire se sont donc, avec le héros, exilées au-delà des mers! fragilité des choses humaines! néant des grandeurs suprêmes, êtes-vous une révélation divine; et la France, éprouvée par le ciel, doit-elle courber son front en silence, parce qu'elle ceignit avec trop d'orgueil, peut-être, le diadême de l'univers?

XII.

Non! la France ne sera point humiliée. Un prince qui connut aussi les émotions du champ de bataille et les amères douleurs de l'exil, un prince que nos hommages ont porté sur le trône en l'appelant *Roi-citoyen* est devenu le digne dépositaire de notre gloire; par lui le drapeau tricolore, ce brillant étendard des peuples, a remplacé l'antique bannière des rois; cette colonne, où se lisent en spirale nos victoires immortelles, a retrouvé par ses soins l'image du héros qui semble défendre et protéger la grande Cité. A sa voix, la Grève, purifiée par les combats de juillet, a vu s'élever un palais pour le peuple; l'Etoile, un Arc Triomphal pour nos braves; la Magdeleine, un temple pour l'Eternel. Les Beaux-Arts ont rappelé avec orgueil dans Versailles toutes les gloires de la France. Ami du commerce et de l'industrie, il a fait succéder à l'éclat des victoires les trésors inépuisables de la paix. Un demi-siècle de troubles et de combats s'est terminé par le règne des lois, de la justice, de la liberté politique, conquêtes moins éclatantes peut-être, mais aussi sublimes, trésors de la patrie que l'inconstance de la fortune ne saurait plus nous ravir. Ainsi la paix succède à la guerre, au conquérant le monarque pacificateur ; et par le génie de son Roi, la France, toujours honorée, n'aura fait que changer de gloire.

XIII.

Et celle-ci sera solide et durable. L'éclat des victoires brille et s'éteint ; les institutions de l'ordre et de la liberté sont éternelles. Les lauriers de la guerre sont mêlés de fleurs qui séduisent l'œil et qui tombent ; la paix a des fruits suaves qui sont comme une nourriture éternelle pour l'intérêt, la raison et l'intelligence des nations. Le conquérant excite l'admiration des peuples ; le roi constitutionnel les comble de bienfaits et les force à la reconnaissance ; heureux sous l'autorité des lois, en aimons-nous moins la patrie ? et les enfans de la France, si l'honneur l'ordonne, si le Roi les appelle, ne seront-ils pas toujours prêts au combat ?

XIV.

Oui, nous sommes les dignes héritiers de l'empire. Ses édifices, nous les avons terminés ; ses lois nous les avons améliorées. Soult, dans les conseils, Gérard, dans les combats, dirigent encore nos phalanges invincibles. Si Mortier, Masséna, Macdonald, Davoust, Lobau et tant d'autres braves ont payé leur tribut à la mort, Moncey, Oudinot, Clausel, Molitor, Excelmans, Pajol, sont debout encore, et autour de ces guerriers-modèles, se presse une génération nouvelle dont le cœur bouillonne de patriotisme et de valeur. C'est vous que j'en atteste, d'Orléans, Nemours, qui avez voulu, comme votre père, recevoir le baptême de f eu sous le drapeau tricolore, et vous aussi, jeunes et gl orieuses légions de l'Afrique, Anvers, Alger, Constantine, Mazagran, ont prouvé qu'en France le courage est héridi-taire dans nos princes comme dans nos soldats.

XV.

Peuple, réjouissez-vous ! car la France est toujours forte et puissante. Jamais la justice et les lois n'eurent des interprètes plus dignes; l'armée des chefs plus illustres et des soldats plus dévoués, les sciences, les arts de plus fervens adorateurs. Artistes, poètes, prenez vos lyres, et couronnez-vous de fleurs. Que les flammes des trépieds s'allument, que les trompettes sonnent, que les chants de la liberté nouvelle remplacent les vieilles hymnes de nos victoires. Que le canon retentisse, et que nos acclamations apprennent au monde si la France est ingrate envers ses héros.

XVI.

Le siècle où brille et disparaît un grand homme ressemble à un océan qu'un vaisseau magnifique a sillonné. On admirait le navire, et l'on cherche vainement sa trace. Toi, Napoléon ! tu as, dans ta marche majestueuse, traversé glorieusement l'océan de nos lumières, de nos mœurs et de nos lois ; et ta trace restera dans le siècle, comme un sillage lumineux dont il sera éternellement éclairé.

XVII.

Quand les Romains honoraient le cercueil des Césars des plus magnifiques funérailles, on les voyait convoquer au convoi funèbre les statues des empereurs, des consuls, des grands capitaines que l'illustre mort avait comptés dans sa famille. Ces augustes images semblaient sourire à la gloire de sa vie, et le prendre au seuil de ce monde pour l'introduire dans l'immortalité. Des images historiques, vénérables souvenirs du passé, vont aussi accueillir le cercueil de celui qui fut notre Empereur, et se mêler, comme aux jours des Césars, aux drapeaux conquis par ses victoires. Ne demandez point quelles sont ces statues triomphales. Les plus illustres monarques, les plus célèbres hommes d'État, les plus vaillans capitaines qu'ait produit la France semblent avoir compris l'importance de ce rendez-vous sublime. Les grands hommes de la patrie, voilà la famille, voilà les ancêtres de Napoléon !

XVIII.

La prière du peuple honorera sa mémoire, car son génie transcendant ne le conduisit pas à l'incrédulité. Comme Newton, Descartes, Leibnitz, Cuvier, Napoléon adorait le Dieu qui a créé le monde ; et, fidèle à la foi de ses pères, il mourut croyant à la religion de Pascal et de Fénélon.

XIX.

Oh ! si pour un moment, par un miracle

divin, se ranimait en lui une étincelle de son existence terrestre ! Si, comme l'antique Lazare, ses yeux pouvaient voir et ses oreilles entendre au fond de son cercueil impérial ! combien serait émue sa grande âme aux acclamations de cette France, sa patrie adorée !

» Napoléon ! lui dirait-elle, réveille-toi ! Les jours de l'histoire commencent, et c'est aujourd'hui que s'ouvre, devant la France heureuse et libre, l'ère de ton immortalité !

» Réveille-toi, pour voir le roi, les princes, les chambres, le peuple, l'armée, tout ce qui respire en France s'empresser autour de ton cercueil.

« Réveille-toi, pour voir nos jours de progrès nouveaux et de libertés publiques succéder à tes jours de gloire, et notre félicité s'embellir des souvenirs de ta grandeur !

Toi dont la vie fut une longue suite de victoires, et qui, à travers les nécessités impérieuses de ta destinée, avais médité pour l'avenir le règne pacifique de la justice et des lois, viens ! car les lois et la justice règnent aujourd'hui parmi nous, et le vœu de ton cœur est devenu pour la patrie une impérissable réalité ! »

Ainsi parlerait la France, heureuse de rallier le présent au passé par l'union de la victoire avec la paix, de la liberté avec la gloire. Et si, touché par le doigt de Dieu, et pour un moment vainqueur de la mort, l'Empereur pouvait lever la tête, et faire entendre sa noble voix, ces mots sortiraient de sa tombe, et seraient répétés par tous les échos de la patrie :

« Roi des Français ! grâces te soient rendues ! Tu as réalisé pour la France le dernier rêve de Napoléon ! »

FIN.

www.ingramcontent.com/pod-product-compliance
Lightning Source LLC
Chambersburg PA
CBHW051224070726
47595CB00018B/3260